Der Selbstmord im "Mythos des Sisyphos" Albert Camus`

Vergleich mit Dostojewski und Kafka

Alexander Morosov

Bibliografische Information der Deutschen Nationalbibliothek:

Die Deutsche Nationalbibliothek verzeichnet diese Publikation in der Deutschen Nationalbibliografie; detaillierte bibliografische Daten sind im Internet über http://dnb.d-nb.de abrufbar.

ISBN: 9783346578884
Dieses Buch ist auch als E-Book erhältlich.

Druck und Bindung: Books on Demand GmbH, Norderstedt Germany
Gedruckt auf säurefreiem Papier aus verantwortungsvollen Quellen

Das vorliegende Werk wurde sorgfältig erarbeitet. Dennoch übernehmen Autoren und Verlag für die Richtigkeit von Angaben, Hinweisen, Links und Ratschlägen sowie eventuelle Druckfehler keine Haftung.

Das Buch bei GRIN: https://www.grin.com/document/1169092

Inhaltsverzeichnis

1.Einleitung

Der Selbstmord ist ein konventionelles Thema, weshalb dieser in vielen Feldern der Wissenschaft bearbeitet wird bspw. in der Psychologie, der Historik und natürlich der Philosophie. Zudem findet man diesen aber auch in der Literatur z. B. in Shakespeares Werk „Romeo und Julia". Dieser hat darüber hinaus gleichfalls einen festen Platz in Kulturen von Ländern wie Japan. Dort war er im 12 Jh. weit verbreitet bei den männlichen Samurai, dies war der rituelle Selbstmord (Seppuku). Dieser wird auch in der Oper „Madame Butterfly" von Giacomo Puccini thematisiert, aus welchem die Bekanntheit des Seppukus ausgeht.

Die kritische Sichtweise von Camus dem herkömmlichen Selbstmord gegenüber wird in dieser Facharbeit hergeleitet und analysiert. Außerdem werden noch anderweitige Arten des Selbstmordes von Camus selber sowie Dostojewski und Kafka veranschaulicht und in Verbindung gebracht. Darüber hinaus kommen weiterhin zu der reinen Quellenanalyse selbstständige Gedanken, welche über die Quellen hinaus gehen und eigene Hypothesen schaffen. Dabei lautet meine Arbeitshypothese: Setzt man das Absurde voraus, stößt Camus den Selbstmord und Hoffnung ab, Dostojewski kritisiert den Selbstmord auch, aber befürwortet den Glauben, und Kafka stellt den Selbstmord als Folge von Ignoranz des Absurden und dem zusätzlichen eigenen logischen Denken dar, ähnlich wie Dostojewski. Erarbeitet wurde der Inhalt anhand des Essays „Der Mythos des Sisyphos" von 1942. In diesem begründete Albert Camus das Absurde. Bei der Auswahl des Materials war das Hauptmerkmal, dass es den Selbstmord nach Albert Camus beinhaltet, weiteres Material wurde von Camus erwähnt und deshalb auch ausgewählt. Nur eine sekundäre Quelle wurde genutzt, diese diente dem besseren Verständnis. Der Arbeitsansatz besteht aus der Untersuchung und persönlichen Interpretation des Selbstmordes und seiner Abwandlungen nach Camus, Dostojewski und Kafka. Ziel ist es, am Ende eine genaue und prägnante Beschreibung der Ideen über den Selbstmord von den bereits genannten Autoren zu haben und diese mit eigenen Gedanken zu erweitern.

2. Zusammenhänge des Absurden und des Selbstmordes

Der Selbstmord steht nach Camus mit dem Absurden in einem engen Verhältnis, besser gesagt dient der Selbstmord als eine Art Kapitulation vor dem Absurden.[1] Dabei ist das Absurde der Ausgangspunkt von Camus Sichtweise.[2]

2.1 Camus zum Absurden – Was sind die Begrifflichkeit des Absurden und das Absurde grundsätzlich?

Um die Haltung Camus dem Selbstmord gegenüber zu erfassen, ist es nötig zu verstehen, was nach Camus die Begrifflichkeit des Absurden ist.

> „‹‹Das ist absurd›› soll heißen:‹‹Das ist unmöglich››, aber auch: ‹‹Das ist ein Widerspruch in sich››"[3].

Anzumerken ist, dass bei einer Repugnanz eine Gegenüberstellung benötigt wird; dieser Konfrontation ist in Camus Fall ein "Vergleich zwischen einem Tatbestand und einer bestimmten Realität"[4]. Somit ist resultierend das Absurde nur existent, wenn eine Handlung und eine spezielle Realität gegenübergestellt werden.[5] Die Absurdität Camus selber entstammte dem „Mythos des Sisyphos" aus der griechischen Mythologie, dieser ist „[…] der absurde Held."[6] Sein Schicksal ist als Bestrafung für seine Listigkeit einen Stein einen Berg hochzurollen, damit dieser, sobald er den Gipfel erreicht hat, wieder herunterrollt.[7] Dieses Schicksal des Sisyphos stellt Camus mit der Arbeit des normalen Arbeiters gleich, somit ist auch das Schicksal dessen absurd bzw. sinnlos.[8] Jedoch probieren Menschen entgegen diesem Absurden einen Sinn im Leben zu finden.

> „Absurd aber ist der Zusammenstoß des Irrationalen mit dem heftigen Verlangen nach Klarheit, das im tiefsten Innern des Menschen laut wird."[9]

Sobald Menschen verstehen, dass kein Sinn im Leben gefunden werden kann, so probieren sie diesem sinnlosen Leben zu entfliehen, bspw. durch Selbstmord. Da aber nach Camus es „[...]außerhalb dieser Welt nichts Absurdes geben [kann]"[10],

---

1 vgl. Camus, Albert. Der Mythos des Sisyphos, Reinbeck bei Hamburg, Rowohlt Taschenbuch Verlag, 2000, S.17
2 vgl. a.a.O., S.13
3 a.a.O.,42
4 a.a.O., S.43
5 vgl. a.a.O, S.43
6 a.a.O., S.142
7 vgl. a.a.O., S.143
8 vgl. a.a.O., S.143
9 a.a.O., S.33
10 a.a.O., S.43

so ist dies der Grund, weshalb das Absurde etwas Bestimmendes ist und als die erste Wahrheit gelten kann.[11]

> „Eine Welt, die man – selbst mit schlechten Gründen – erklären kann, ist eine vertraute Welt. Aber in einem Universum, das plötzlich der Illusionen und des Lichtes beraubt ist, fühlt der Mensch sich fremd"[12].

In eigenen Worten ausgedrückt: Solange eine Welt zumindest einen weit entfernten Sinn hat, so hat der Mensch das Gefühl, einen Nutzen zu erfüllen. Jedoch ist es in unserem Leben nach Camus nicht der Fall, denn wir leben im Absurden, es gibt keinen Sinn, der gefunden werden kann. In dieser sinnlosen Welt fühlt sich der Mensch fremd.

Allerdings ist es wichtig, „[…] das, was […] niederdrückt, festzuhalten und folglich das, was […] darin für wesentlich [ge]halten [wird], zu respektieren. Somit ist der einzige Weg im Absurden zu leben, es zu respektieren."[13]

2.2 Selbstmord in der Welt des Absurden

Nun, wo die Begrifflichkeit und der Sinn des Absurden geklärt ist, ist es Zeit diesen mit dem Selbstmord in Verbindung zu bringen. Anzumerken ist, dass der Begriff „Selbstmord" nicht mit den Worten „Suizid", „Freitod" und „Selbsttötung" gleichzustellen ist. Bei dem Nutzen des Wortes „Selbstmord" erzielt man eine sofortige negative Konnotation, da hier vom „Mord" gesprochen wird, welcher ein krimineller Tatbestand ist.

Die negative Konnotation des Ausdruckes „Selbstmord" passt auch zu der Haltung von Camus entgegen diesem, da er diesen nicht unterstützt bzw. verabscheut; denn Camus betrachtet das Absurde, wie bereits erwähnt, als etwas in dem, nur mit Respekt-Schöpfung zu leben ist. Der Selbstmord dient mehr wie eine Kapitulation vor dem Absurden, da „[…] man mit dem Leben nicht fertig wird oder es nicht versteht.[14].

Da der Mensch bereits in jungen Jahren den Instinkt der Neugier erlangt, zieht es sich durch seine gesamte Existenz und immer wieder kommt die Frage nach dem Sinn im Bestehen auf, doch diesen gibt es im Absurden nicht und, „aus freiem Willen sterben setzt voraus, dass man, und sei es nur instinktiv, das Lächerliche dieser Gewohnheit erkannt hat, das Fehlen jedes tiefen Grundes, zu leben die

---

11 vgl. a.a.O., S.43
12 a.a.O., S.18
13 a.a.O., S.44
14 a.a.O., S.17

Sinnlosigkeit dieser täglichen Betriebsamkeit, die Nutzlosigkeit des Leidens"[15]. So ist nun Camus Hypothese zu beachten „Es gibt nur ein wirklich ernstes philosophisches Problem: den Selbstmord. Sich entscheiden, ob das Leben es wert ist, gelebt zu werden oder nicht [...]"[16]. Da wir aber von einer Sinnlosigkeit ausgehen und Fehlen von Sinn im Leben ein häufiger Grund für den Selbstmord ist, stellt man sich die Frage: Wieso greift nicht so gut wie jeder Mensch zum Selbstmord, um dem Absurden zu entfliehen? Die Antwort auf diese Frage ist folgende:

> „Das Urteil des Körpers gilt allemal so viel wie das des Geistes, und der Körper scheut die Vernichtung. Wir gewöhnen uns ans Leben, ehe wir uns ans Denken gewöhnen."[17]

So hat der Körper immer den größeren Einfluss im Vergleich zum Geiste, beim Überlegen über die Vernichtung von sich selber (Selbstmord).

Nun, wo geklärt wurde, weshalb der Selbstmord aufgrund des Körpers kein offensichtlicher Ausweg aus dem Absurden ist, ist es nötig, an das vorherige Kapitel zurückzudenken. Der Selbstmord stellt keine korrekte Umgangsweise mit dem Absurden dar, da „Leben heißt das Absurde leben lassen. Es leben lassen heißt vor allem ihm ins Auge sehen."[18] Beispiel für diese Art und Weise des Lebens findet man in dem Kapitel „Der absurde Mensch". Diese Menschen sind „Der Liebhaber, der Komödiant und der Abenteurer "[19].

> „Was aber bedeutet das Leben in einem solchen Universum? Nichts anderes zunächst als die Gleichgültigkeit der Zukunft gegenüber und das leidenschaftliche Verlangen, alles Gegebene auszuschöpfen."[20]

De facto ist das Leben im Absurden, ohne den Selbstmord, erst durch den Glauben an das Absurde sowie durch das Ersetzen der Qualität mit der Quantität bezüglich der Lebensereignisse möglich.[21] Beispiele für dieses quantitative Leben sind „Die Quantität der Freuden"[22] von Don Juan (der Liebhaber) oder die Quantität der Leben des Komödiants.[23]

---

15 a.a.O., S.18
16 a.a.O., S.15
17 a.a.O., S.20
18 a.a.O., S.67
19 a.a.O., S.108
20 a.a.O., S.73
21 vgl. a.a.O., S.73
22 a.a.O., S.88
23 vgl. a.a.O., S.100

3. Anderweitige Arten des Selbstmordes im Absurden

Bei der Beschäftigung mit Camus Sichtweise *in puncto* dem Selbstmord ist zu beachten, dass Selbstmord nicht nur wörtlich verstanden werden kann, sprich die Tötung einer selbst. Darüber hinaus ermöglicht Camus Einblicke in sonstige Arten des Selbstmordes, wie bspw. von Dostojewski.

3.1. Camus philosophischer Selbstmord

Beim philosophischen Selbstmord muss zunächst der Begriff „Selbstmord" speziell für diese Thematik erneut definiert werden. Spricht Camus vom philosophischen Selbstmord, ist die Abwendung vom Absurden gemeint, was wiederum heißt, dass das Absurde stirbt.[24]

> „Wenn ich mich nun an die Philosophie der Existenz halte, so sehe ich, dass ausnahmslos alle mir die Flucht vorschlagen. Ausgegangen vom Absurden auf den Trümmern der Vernunft in einer geschlossenen, auf das Menschliche begrenzten Welt, vergöttlichen sie durch einen sonderbaren Schluss, was sie niederdrückt, und sie finden einen Grund zur Hoffnung in dem, was sie hilflos macht. Diese erzwungene Hoffnung ist bei allen wesenhaft religiös. Sie verdient es, dass wir näher auf sie eingehen."[25]

Um kurz zusammenzufassen, was Camus in diesem Zitat sagt, ist, dass die existenzielle Haltung ‹‹philosophischer Selbstmord›› zu benennen ist.[26]

Dies liegt daran, dass trotz der Sinnlosigkeit bzw. dem Absurden der Welt weiterhin versucht wird, nicht existente Hoffnung beizufügen. Diese Haltung ist jedoch nicht nur Existenzialisten zu entnehmen. Logischerweise sind Angehörige einer Religion nicht anders nur ‚dass sie bspw. auf ein Leben nach der Zeit in dem Absurden hoffen. Erinnert man sich daran, dass Camus von einer Priorisierung von Quantität sprach, erkennt man, dass diese auch nicht eingehalten werden kann, da bei einem Leben, welches das Absurde nicht leben lässt, auch kein Leben möglich und bestimmt keins, welches alles Gegebene ausgeschöpft hat, denn der Heilige neigt zur Qualität.[27]

Zudem kann noch festgestellt werden, dass das Entfliehen eines Individuums vor dem Absurden in illusorische Vorstellungen wie bspw. die Nicht-Existenz des Absurden oder das Hoffen auf Sinnvolles innerhalb des Absurden; dazu führt, dass man einen geistigen Selbstmord begeht. Diese Hypothese beruht auf der

---

24 vgl. a.a.O., S.67
25 a.a.O., S.45
26 vgl. a.a.O., S.54
27 vgl. a.a.O., S.89

folgenden Idee: Das Absurde zu akzeptieren erfordert „Lieben und Besitzen, Erobern und Ausschöpfen"[28]. Dies benötigt geistige Anstrengung, sprich den Verstand, Willen und Mut. Sobald man aber probiert, das Absurde nicht anzuerkennen, kann man von einem geistigen Selbstmord sprechen.

3.2 Dostojewskis logischer Selbstmord

Camus behandelt in seinem Werk „Der Mythos des Sisyphos" nicht nur seine Überlegungen, auch bezieht er sich auf Dostojewski um genau zu sein auf den logischen Selbstmord. Dabei ergründet er diesen, mit den Werken: „Die Dämonen" (1873), „Tagebuch eines Schriftstellers" (Dez. 1876) und „Die Brüder Karamasow" (1878-80). Obendrein kann man anhand des Epigrafs in „Die Dämonen" Dostojewskis, in welchem er eine biblische Geschichte zitiert, welche davon erzählt, wie Jesus aus Besessenen den Teufel austrieb;[29] schlussfolgern, welche Einstellung Dostojewski dem Glauben gegenüber hat.

> „‹‹Da mir auf meine Fragen nach dem Glück vermittels meines Bewusstseins erklärt wird, dass ich einzig in der Harmonie des Ganzen glücklich sein kann, das ich nicht begreife und nie begreifen werde, ist es offensichtlich … Da ich in dieser Ordnung die Rolle des Klägers und des Beklagten, des Richters und des Angeklagten gleichzeitig auf mich nehmen muss, und da ich diese Komödie seitens der Natur absolut dumm finde und es sogar meinerseits erniedrigend finden, mich auf dieses Spiel einzulassen …, so verurteile ich in meiner unbestreitbaren Eigenschaft als Kläger und als Beklagter, als Richter und als Angeklagter diese Natur, die mich so schamlos zum Leiden erschaffen hat – ich verurteile sie dazu, mit mir zusammen untergehen.››"[30].

Dieser Ausschnitt entstammt Dostojewskis Oktoberheft von 1876, das Kapitel besteht aus einem Brief eines Selbstmörders, in welchem er sich rechtfertigte und seine Entscheidung begründete; bekannt ist dieser unter dem Namen „Delirium eines halbverrückten Menschen", So beschreibt er in diesem die Absurdität der Welt, durch welche er zum Kläger als auch Richter im Gericht der Natur wurde. Anzumerken ist, dass er selber das Absurde als „dumme Komödie" bezeichnet.

> „[…] diese Komödie aber von seiten der Natur so dumm finde"[31].

---

28 a.a.O., S.91
29 Dostojewski, F.M. Die Dämonen, Null Papier Verlag, 2019, S.5
30 Dostojewski, F.M. Oktoberheft, 1876 (zit. nach Camus)
31 Dostojewski, F.M. Tagebuch eines Schriftstellers – Notierte Gedanken, München Zürich, Piper, 2004, S.258

Nun ist die Antwort Dostojewskis auf diesen Brief wichtig, um auch den logischen Selbstmord verstehen zu können.

> „[…] d.h. die Folgerung der Notwendigkeit des Selbstmordes, für viele, sogar für allzuviele in Europa gleichsam das letzte Wort der Wissenschaft. Ich habe dieses „letzte Wort der Wissenschaft" klar und populär in kurzen Worten ausgesprochen, aber einzig, um es zu widerlegen, und zwar nicht durch Betrachtungen oder durch die Logik, denn durch die Logik läßt es sich gar nicht widerlegen […], – sondern durch den Glauben, durch die Folgerung der Notwendigkeit des Glauben an die Unsterblichkeit der menschlichen Seele, der Überzeugung, daß dieser Glaubens die einzige Quelle des lebendigen Lebens auf Erden ist, – des Lebens, der Gesundheit, der gesunden Ideen und gesunden Schlüsse und Folgerungen..."[32]

In dieser Antwort sieht man ganz klar, worauf Dostojewski hinausgeht, der logische Selbstmord basiert darauf, dass die „Notwendigkeit des Selbstmordes" mithilfe der Logik nicht widerlegt werden kann, weshalb es zum logischen Selbstmord kommt. Der Glaube jedoch dient der erfolgreichen Widerlegung der „Notwenigkeit des Selbstmordes". Darüber hinaus beschreibt er den Glauben zudem noch als „Quelle des lebendigen Lebens auf Erden".

Anzumerken ist noch, dass in seinem Werk „Die Dämonen" von Dostojewski der Charakter „Kirilow" genau diesen Selbstmörder verkörpert, weswegen er auch Vertreter des logischen Selbstmordes ist.[33]

3.3 Unterschiede innerhalb der Sichtweisen von Dostojewski und Camus

Betrachtet man nun die beiden anderen Arten des Selbstmordes von Camus und Dostojewski, erkennt man einen gravierenden Unterschied, welcher sich auf die Beziehung zwischen dem Absurden und dem Selbstmord bezieht.

Camus hat ganz klar dargestellt, dass jeglicher Versuch, in dem Absurden einen Grund oder Sinn zu finden, zum philosophischen Selbstmord führen würde, und auch Religionen betrifft.

Dostojewski bildet nun die Opposition und behauptet, dass nun, dass der Glaube alleine die „Quelle des lebendigen Lebens auf Erden" sei und auch er die „Notwendigkeit des Selbstmordes" widerlegen kann.

---

32 Dostojewski, F.M. Tagebuch eines Schriftstellers – Notierte Gedanken, München Zürich, Piper, 2004, S.275
33 vgl. Camus, Albert. Der Mythos des Sisyphos, Reinbeck bei Hamburg, Rowohlt Taschenbuch Verlag, 2000, S.125

Zu berücksichtigen ist, dass bei beiden Autoren die Rede von dem Absurden ist, nur unter anderen Bezeichnungen. So ist ein klarer Unterschied zwischen Camus und Dostojewski, dass Camus den Glauben als Möglichkeit für den philosophischen Tod sieht und Dostojewski hingegen betrachtet den Glauben als „perfekten" Konter gegen den Selbstmord bzw. logischen Selbstmord.

Ein weiterer Unterschied zwischen Camus und Dostojewski bildet sich bei der Fragestellung: Ob „[…] es eine Logik bis zum Tode [gibt]?"[34] Hierbei liegt der Fokus natürlich auf der Todesart Selbstmord.

Camus absurde Welt bietet logischerweise keine Logik, da alles sinnlos ist, jedoch ist die Logik, von welcher Camus spricht, nicht zwingend diese, welche wir aus dem Alltag kennen.

> „‹‹Diese Begrenzung führt mich zu mir selbst. Ich bin ich selbst da, wo ich mich nicht mehr hinter einen objektiven Standpunkt zurückziehe, den ich lediglich repräsentiere – da wo, weder ich selbst noch die Existenz eines andern mehr Objekt für mich werden kann.››"[35]

Camus spricht hierbei von einer „rücksichtslosen" Logik, da hier das Leben auf dem Spiel steht.[36] So ist nun klar, dass sobald ein Selbstmord vollbracht ist, es gegen die „rücksichtslose" Logik ging, welche der Erhaltung des Lebens dient.

Bei Dostojewski ist es bereits erklärt worden, kurz zusammengefasst ist die „Notwendigkeit des Selbstmordes" nicht widerlegbar mit Logik, weshalb hier der Selbstmord „logisch" ist; somit ist auch die Logik bis zum Tode bestehen geblieben.

4. Kausalität des Selbstmordes in Kafkas Romanen

Zusätzlich zu Dostojewski beschäftigt sich Camus noch mit Kafkas Werken „Die Verwandlung" (1912), „Das Schloss" (1922) und „Der Prozess" (1925). Wobei „Der Prozess" für das Verhältnis zwischen Selbstmord und dem Absurden eine fundamentale Rolle spielt.

---

34 a.a.O., S.21
35 Hersch, Jeanne. Die Illusion – der Weg der Philosophie, Bern 1956, S.102 (zit. nach Camus)
36 vgl. Pieper, Annemarie, Absurde Logik. Albert Camus' Grundlegung Einer Philosophie Des Lebens. Zeitschrift Für Philosophische Forschung 28, no. 3 (1974): 424-33, S. 2

4.1 Kafkas Art des Absurden

Der Inhalt des Werkes „Der Prozess" kurz zusammengefasst, spielt sich wie folgt ab: Ein Bankprokurist wird, nachdem er aufwacht, verhaftet und in Kenntnis über den gegen ihn laufenden Prozess gesetzt; er darf jedoch weiterhin seinem Arbeitsalltag nachgehen. Welcher Tatbestand vorliegt, weiß jedoch niemand. Er versucht im Verlauf des Romans den Grund zu erfahren, doch dabei bleibt er erfolglos, da auch sein Anwalt keinen Erfolg zu verzeichnen hat. Während dieser für ihn belastenden Situation tritt er in Kontakt mit Frauen, um von diesen mentale Unterstützung zu erfahren. Das Ende besteht daraus, dass er von zwei Henkern mitgenommen und widerstandslos hingerichtet wird.

Kafka verbindet in diesem Roman das Absurde mit dem Alltag, jedoch zeigt der Protagonist keine Reaktion auf das Absurde, welche bei Dostojewski oder Camus vorkam. Nämlich zeigt es sich, dass trotz der absurden und sinnlosen Geschehnisse in dem Verlauf des Romans der Protagonist probiert, mit einer rationalen Vorgehensweise einen Grund für die Vorfälle bzw. einen Sinn zu finden. Trotz der Konfrontation mit dem Absurden reagiert der Protagonist, als würde es dieses nicht geben. Genau diese Wahrnehmung des Absurden ist bei Kafka sehr interessant, auch sieht man, dass auf Grund der Ignoranz des Absurden hier ein Selbstmord geschieht, kein direkter jedoch ist es so zu verstehen: Der Protagonist bekommt die Möglichkeit, seinem Arbeitsalltag nachzugehen, trotz seiner Verhaftung, von welcher ihm keiner den Grund nennen kann; diese absolut offensichtliche Absurdität negiert er jedoch. Er hat die Möglichkeit, weiter normal zu arbeiten und müsste nur das Absurde existieren lassen und respektieren. Jedoch vertieft sich der Protagonist immer weiter in das Absurde hinein, um einen Grund für seine Verhaftung zu finden. Die Unmöglichkeit dieses Vorhabens ist unbestreitbar, doch er machte immer weiter und trug sich das Urteil bzw. den Mord selbst zu.

Das Ende, welches aus der Hinrichtung des Protagonisten besteht, weist keine wirklichen Widerstände gegen die Geschehnisse auf, was ein absurdes Verhalten ist, außerdem sagte er vor seinem Tode nur:„wie einen Hund"[37]. Folgende Hypothese lässt auf Grund dieser Aussage aufstellen: Der Protagonist fühlt sich von Scham befallen, dass er wie ein Hund seinem logischen bzw. rationalen Denken untergeben war und nun, wo das Urteil gefällt wurde, unternahm er nichts, er sah ein, dass das Absurde erkannt und gelebt werden muss.

---

37 Kafka, Franz. Der Prozess, S.211 (zit. nach Camus)

4.2 Worin unterscheidet sich die Wahrnehmung des Absurden & die Reaktion auf das Absurde nach Kafka, Dostojewski, Camus und wo stimmen sie überein?

Nun, wo die Haltungen von Kafka, Dostojewski und Camus klar sind, ist es möglich, etwas sehr Interessantes zu erkennen. Die Protagonisten aus den Werken von Kafka und Dostojewski bzw. Sisyphos in Camus Werk stellen alle verschiedenen Weisen der Wahrnehmung des Absurden dar sowie eine dazu gehörige Reaktion. Innerhalb dieser Wahrnehmungen und Reaktionen kann man eine vierstufige Klimax erkennen, der Ausgangspunkt ist Kafkas Protagonist aus „Der Prozess", dieser nimmt das Absurde bis zum tragischen Ende nicht wahr und auch seine Reaktionen auf dieses basieren auf rationalen Handlungsweisen, welche ihn zum Selbstmord treiben. Die erste Steigerung dieses Ausgangspunktes ist der Protagonist Kirilow aus „Die Dämon", geschrieben von Dostojewski: Kirilow nimmt das Absurde wahr, handelt jedoch ähnlich wie Kafkas Protagonist, denn dieser bringt sich um, da er Vertreter des logischen Selbstmordes ist[38], er handelt auch logisch, erkennt aber das Absurde. Der Superlativ wird in dem Werk „Die Brüder Karamasow" dargestellt. Dostojewskis Protagonisten Iwan Karamasow und sein Bruder Alijosha sind sich dem Absurden bewusst. Diesem entflicht Alijosha mithilfe des Glaubens, aber Iwan wird wahnsinnig, da er den Glauben vernachlässigt.[39] Endgültig kommt man zur höchsten Steigerung der Haltung, und zwar die von Camus, hierbei ist Sisyphos sich des Absurden bewusst und lässt das Absurde auch Leben.

5. Schluss

Nach der Untersuchung und Analyse des Selbstmordes nach dem von Camus geschriebene Essay „Der Mythos des Sisyphos" kann schlussendlich gesagt werden, dass Camus den Selbstmord in der Welt des Absurden sowie die Hoffnung bzw. den philosophischen Mord kritisiert.

„Sie leben in Unkenntnis, oder sie hoffen"[40].

---

38 vgl. Camus, Albert. Der Mythos des Sisyphos, Reinbeck bei Hamburg, Rowohlt Taschenbuch Verlag, 2000, S.125
39 vgl. a.a.O., S.129
40 a.a.O., S.86

Aus dem philosophischen Selbstmord oder dem Leben in illusorischen Vorstellungen kann auch noch abgeleitet werden, dass durch diese/n ein geistiger Selbstmord vollbracht wird. Im Zuge dessen illustriert Dostojewski den Glauben als das Überleben in dem Absurden sowie die Logik als Verursacher des Selbstmordes (logischer Selbstmord). Letzteres tut auch Kafka, jedoch unterscheiden sich hier die Wahrnehmungen des Absurden.

Nun stellt sich aber die Frage, was den Menschen von dem Selbstmord abhalten soll, wenn Hoffnung keine Option ist: Die Lösung für dieses Problem ist, dass erstens „Der Hoffnung beraubt sein heißt noch nicht verzweifeln"[41] und zweitens muss man das Absurde nur erkennen und dieses leben lassen. Die menschlichen Beispiele für dieses Leben sind nach Camus aber die extremsten.[42]

Eine Frage meinerseits wäre nun: Ist das konsequente Leben im Absurden überhaupt möglich? Eindeutig kann man auf diese Frage aber nicht antworten. Die Antwort Camus, ist:

> „Es kommt jedoch immer ein Augenblick, da der Geist die Wahrheiten leugnet, die diese Hände berühren können"[43].

Jedoch sagt Camus in einem neun Jahre später verfassten Essay „Der Mensch in der Revolte" 1951, dass „ Absurde als Lebensregel betrachtet, […] demnach widersprüchlich [ist][44].

Ich muss, aber selber sagen, dass ich denke, dass ein Leben in dem Absurden möglich ist, nur ist es eine sehr komplizierte Art und Weise so zu leben, da sehr viele Faktoren in den Alltag einspielen. Wie bspw. die Akzeptanz einer absoluten Sinnlosigkeit, denn diese Akzeptanz ist nun mal eine Schlüsselkomponente des erfolgreichen Leben im Absurden. Solch eine Akzeptanz kann in vielen Hinsichten schwierig für einen selber sein und sich stark auf die Psyche auswirken. Denn Motivation kann nicht bestehen, wenn einem Menschen bewusst ist, dass all seine Anstrengungen keinen Grund bzw. Sinn haben.

Andererseits finde ich Camus Sichtweise auf die Welt als das Absurde in Verbindung mit dem Selbstmord ziemlich nachvollziehbar. Klar existiert eine bestimmte Sinnlosigkeit im Leben, jedoch ist auch richtig, dass der Selbstmord kein Ausweg aus diesem Leben ist. Die Erkenntnis, dass die Akzeptanz dieser Sinnlosigkeit der einzig richtige Weg ist, um im Absurden zu leben ist, finde ich

---

41 a.a.O., S.108
42 vgl. a.a.O., S.108
43 a.a.O., S.163
44 Camus, Albert. Der Mensch in der Revolte, Reinbeck bei Hamburg, Rowohlt Taschenbuch Verlag, 2000, S.21

auch nachvollziehbar. Jedoch ist meiner Meinung nach die Maximierung des eigenen Potenzials als Mensch ein valider Grund, um seinen Aktionen und Anstrengungen im Leben einen Sinn zu geben.

Literaturverzeichnis

Camus, Albert. Der Mythos des Sisyphos, Reinbeck bei Hamburg, Rowohlt
Taschenbuch Verlag, 2000

Camus, Albert. Der Mensch in der Revolte, Reinbeck bei Hamburg, Rowohlt
Taschenbuch Verlag, 2000

Dostojewski, F.M. Die Dämonen, Null Papier Verlag, 2019 – PDF auf Stick

Dostojewski, F.M. Tagebuch eines Schriftstellers – Notierte Gedanken, München
Zürich, Piper, 2004

Pieper, Annemarie, Absurde Logik. Albert Camus' Grundlegung einer Philosophie
des Lebens. Zeitschrift Für Philosophische Forschung 28, no. 3 (1974):, S. 424-33

BEI GRIN MACHT SICH IHR WISSEN BEZAHLT

- Wir veröffentlichen Ihre Hausarbeit,
  Bachelor- und Masterarbeit

- Ihr eigenes eBook und Buch -
  weltweit in allen wichtigen Shops

- Verdienen Sie an jedem Verkauf

Jetzt bei www.GRIN.com hochladen
und kostenlos publizieren